PROJET

D'UNE

ORGANISATION NOUVELLE

DU

THÉATRE

EN FRANCE,

Par Hippolyte LEROY, ancien Directeur.

PARIS
IMPRIMERIE DE JULES-JUTEAU ET Cⁱᵉ, RUE SAINT-DENIS, 345.
— 1849 —

PROJET

D'UNE ORGANISATION NOUVELLE

DU THÉATRE EN FRANCE.

PROJET

D'UNE ORGANISATION NOUVELLE

DU THÉATRE EN FRANCE.

Les théâtres en France sont dans le désarroi le plus complet; à Paris, la plupart sont fermés ou menacent de fermer, même les plus largement subventionnés, si l'État ne vient à leur secours; en province, la misère est à son comble, les artistes meurent littéralement de faim; les auteurs dramatiques, ne trouvant plus à vivre du théâtre, se font journalistes et journalistes irrités. Tout s'en va, tout se disperse, tout semble s'affaisser et mourir ; et cependant nous avons la foi profonde que tout cela n'est qu'un désordre momentané, désordre qui peut cesser sur un mot du pouvoir.

Le gouvernement de la République n'a qu'à vouloir, et il remettra bientôt la France dramatique dans ses plus belles conditions d'initiative, de progrès et d'intelligence.

Celui qui écrit ces lignes n'est point homme de lettres : n'attendez de lui ni dissertation savante, ni discussion théorique sur l'art et la littérature dramatique ; ce n'est qu'un homme pratique ; depuis quinze ans, il ne s'occupe que d'affaires théâtrales. Tour à tour artiste, régisseur, directeur, il croit avoir étudié à fond le mal dont se meurt aujourd'hui le théâtre, et il est convaincu de l'efficacité des moyens qu'il propose pour régénérer un art qui a rendu, pour ainsi dire, le monde entier tributaire de la France.

Ce n'est pas à la Révolution de Février qu'il faut attribuer cette situation fâcheuse des théâtres, qui est un fait reconnu et publiquement constaté par plusieurs législatures, mais bien aux administrations qui depuis vingt ans ont régi et réglementé le théâtre sans idées, sans discernement, sans unité, sans but.

Plusieurs membres distingués de l'ancienne Chambre, et notamment MM. Vivien et Vitet, se sont déjà préoccupés de la question théâtrale, dont ils ont tous reconnu l'importance.

En 1846, la commission du budget consacra un chapitre entier aux théâtres royaux, qu'elle reconnut être dans l'état le plus fâcheux, et dont elle blâma sévèrement la mauvaise gestion ; elle insista pour que le ministre de l'intérieur apportât au mal un prompt remède ; le ministre en prit l'engagement, nomma une commission pour réorganiser la Comédie-Française ; les Chambres augmentèrent la subvention de ce théâtre de cent mille francs, et l'ordonnance royale du 29 août 1847 vint régir le Théâtre-Français.

Aussitôt la République proclamée, les comédiens français s'insurgent contre la tyrannie de l'ordonnance royale et contre leur administrateur, M. Buloz, malgré les services réels qu'il avait rendus à leur établissement; l'administrateur est destitué, l'ordonnance royale est rapportée, le déficit grossit dans des proportions effrayantes, et depuis dix-huit mois une nouvelle commission cherche encore, mais inutilement, à réorganiser ce théâtre.

C'est qu'il ne suffit pas de modifier, de changer partiellement le mode administratif de tel ou tel théâtre pour extirper le mal.

Deux modes opposés d'administration régissent aujourd'hui les théâtres nationaux.

L'administration sociale : la Comédie-Française;

La direction par entreprise : l'Opéra.

Ces deux modes administratifs ont amené la ruine de ces deux théâtres, car aucun d'eux n'est placé dans les conditions nécessaires pour accomplir la mission que les théâtres nationaux ont à remplir.

La royauté de Juillet ayant abandonné la haute direction des théâtres royaux, la Comédie-Française resta sans protection et livrée à elle-même; l'intérêt personnel n'ayant plus de frein, étouffa bientôt l'intérêt général, les abus s'infiltrèrent de tous les côtés…. Alors le désordre est à son comble : les sociétaires eux-mêmes doutent de l'efficacité d'un régime social qui meurt entre leurs mains, et les agents du pouvoir soit par ignorance, soit par faiblesse, au lieu d'arrêter sur cette pente fatale une institution qui fut l'une des gloires de la France, semblent l'y pousser et l'encourager à courir à sa perte.

Et notre première scène lyrique est-elle ce qu'elle devrait être, une institution nationale, où les deniers de l'État ne servent qu'au bien de l'institution elle-même?

Qu'ont fait les directeurs-entrepreneurs de l'Opéra? Il faut oser dire ce qui est visible à tous les yeux : Ils ont sacrifié l'art, les artistes, le théâtre, pour s'enrichir. Achetant au poids de l'or quelques grands maîtres, ils ont presque constamment refusé l'obole aux jeunes lauréats. Ils ont supprimé les pensions, seul avenir des artistes ; détruit les classes d'élèves, le plus grand élément de succès de ce théâtre ; augmenté démesurément les traitements de quelques artistes, cause de perturbation incessante parmi les sujets.

En un mot, d'une institution nationale ils ont fait une spéculation particulière qu'ils ont vendue tour à tour, non au plus capable, mais au plus offrant et dernier enchérisseur.

Aussi qu'arrive-t-il? Les spéculateurs enrichis se retirent emportant de gros bénéfices, laissant à leurs successeurs un théâtre épuisé, des charges immenses ; et les entrepreneurs actuels, victimes fatales d'un système déplorable suivi depuis vingt ans, sont forcés de venir demander au pays de l'argent pour continuer leur exploitation désastreuse.

En résumé, quand il y a un bénéfice, les spéculateurs l'emportent ; quand il y a des pertes, on demande à l'État de les combler au nom de l'art et des artistes.

Aucune impulsion sérieuse, littéraire et artistique, ne peut sortir d'une société impuissante comme celle du Théâtre-Français; on ne peut rien attendre de directeurs-marchands.

A moins de remèdes héroïques, ces théâtres sont à jamais perdus.

Que par un petit esprit de raillerie ou de dénigrement, on ne vienne pas dire que les forces intellectuelles font défaut à notre société.

Est-ce donc à dire que la France soit en décadence et qu'elle doive désormais renoncer à toute initiative artistique et littéraire? En vérité cela n'est pas, cela ne peut pas être.

J'en atteste la conscience publique : Il ne s'agit que d'appeler les hommes, de les reconnaître dans la foule et de les en faire sortir.

Aujourd'hui donc que toutes les questions industrielles et artistiques sont appelées à prendre un développement progressif et sérieux ; aujourd'hui que le gouvernement veut rétablir l'ordre et l'harmonie dans tout le corps social, le théâtre ne saurait être étranger à ce mouvement général et rester en arrière de la civilisation qu'il a toujours devancé.

Ce n'est donc plus comme objet de luxe et de commerce, mais comme utilité publique qu'il faut l'envisager; ce n'est plus comme centre de plaisir seulement, mais comme complément d'éducation qu'il faut l'admettre; ce n'est plus à dégrader, à torturer la langue, mais à la conserver, à l'enrichir; ce n'est plus à détruire, mais à fonder qu'il faut le faire servir aujourd'hui.

Il nous serait facile de démontrer que la poésie, la musique et la mimique tendent tous les jours de plus en plus à devenir une fonction morale et civilisatrice. Quiconque ne sent pas que le théâtre doit être l'écho éclatant, l'auxiliaire puissant de la chaire et de la tribune, ne comprend ni les exigences ni les besoins de notre civilisation.

Il est donc de toute nécessité pour la République de concentrer en ses mains une immense autorité artistique et littéraire, en proclamant la liberté des théâtres.

Il faut faire du théâtre une institution qui amène la centralisation des principaux théâtres de Paris et des départements dans les mains du gouvernement;

Institution qui, fonctionnant à la fois sur toute l'étendue du territoire français, soit de nature à enrégimenter, pour ainsi dire, tous les talents artistiques et à les classer selon une équitable hiérarchie;

Institution qui donne au pouvoir une action directe, morale et politique sur les théâtres, sans responsabilité commerciale;

Institution qui assure le présent et garantisse l'avenir des théâtres, des artistes, des compositeurs et des hommes de lettres;

Institution qui, par son organisation financière, permette un jour de dégrever le budget des subventions théâtrales dont il est chargé.

Cette institution prendrait le nom d'Institut dramatique. Voici l'ensemble de son organisation.

INSTITUT DRAMATIQUE.

ORGANISATION.

L'Institut dramatique, placé sous la haute direction du ministre de l'intérieur, et rangé dans les attributions de son ministère, est divisé en quatre classes :
1° Le Conservatoire, — études théoriques;
2° L'Odéon, — études pratiques;
3° Théâtres municipaux, — écoles d'application;
4° Théâtres nationaux, — académies.

Le Conservatoire et l'Odéon préparent les élèves à entrer dans les théâtres municipaux.

Les théâtres municipaux établis dans les principales villes de France, avec allocations votées par les conseils-généraux, suivant l'ordonnance de décembre 1824, fournissent des sujets aux théâtres nationaux.

Les théâtres nationaux placés à Paris et subventionnés par l'État forment des artistes et des professeurs.

ADMINISTRATION.

Un directeur-général,
Un caissier-général,
Un comité,
Un conseil judiciaire,
Un bureau des théâtres.

FONCTIONS.

Le directeur-général est chargé de toute la partie administrative.
Le caissier est chargé de la comptabilité générale.

Le comité est chargé de discuter toutes les questions d'art et d'administration ; de régler et d'arrêter tous les budgets annuels, l'emploi des subventions, la liquidation des pensions, et de surveiller les caisses de réserve, de pensions et de prévoyance.

Le conseil judiciaire est chargé de juger en dernier ressort et sans appel toutes les contestations intérieures. Aucune affaire entre l'administration centrale et des tiers ne peut être portée devant les tribunaux sans l'avis du conseil judiciaire, qui doit être aussi consulté lors de la liquidation des pensions.

BUDGET.

Les budgets de tous les théâtres nationaux et municipaux seront arrêtés annuellement par l'administration centrale, et remis à chaque directeur au commencement de l'année théâtrale.

Ces budgets ne pourront être ni changés, quant à leur destination, ni outrepassés, quant à la somme totale, par les directeurs, qu'à leurs risques et périls, et dans la latitude seulement de leurs cautionnements.

Il suffira, pour établir les dépenses, de prendre la moyenne des dix dernières années de recettes dans chaque ville.

La moitié des allocations restera en dehors des prévisions pour les théâtres municipaux ;

Et un quart des subventions pour les théâtres nationaux.

SUBVENTIONS ET ALLOCATIONS.

Les subventions accordées aux théâtres nationaux sont données par la Nation et votées par l'Assemblée.

Les allocations accordées aux théâtres municipaux sont données par les villes et votées par les conseils-généraux.

Les allocations peuvent être de deux sortes, en argent et en nature, suivant les possibilités et les facilités qu'auront certaines villes de fournir aux théâtres l'éclairage, le bois de chauffage et de construction pour les décorations, les toiles, les cordages propres à la machine, etc.

Les subventions des théâtres nationaux sont versées à la caisse générale, portées au compte de chaque théâtre, et remises mensuellement, suivant les besoins et sur l'état des dépenses, aux directeurs de chacun des théâtres nationaux.

Les allocations des théâtres municipaux sont données mensuellement aux directeurs, et sur l'état de leurs dépenses, défalcation faite de celles données en nature, par les caisses municipales.

Le bilan des subventions et allocations de tous les théâtres nationaux et municipaux sera établi tous les ans, et le surplus des sommes votées, restées soit à la caisse générale, soit aux caisses municipales, accroîtra d'autant les bénéfices de l'année.

Les subventions ainsi distribuées, n'étant plus une prime donnée à la paresse ou une proie offerte à l'avidité, seront le gage certain de l'existence des théâtres.

FONDS DE PRÉVOYANCE.

Quarante pour cent prélevés sur les bénéfices annuels de chaque théâtre, et placés en rentes sur l'État, serviront à former un fonds de prévoyance de chacun de ces théâtres.

Ce fonds s'accroîtra des intérêts progressifs.

Toutes sommes indispensables aux besoins d'un théâtre, dans le courant d'un exercice, lui seront remises, sur la délibération du comité, approuvée par le directeur-général à Paris, et sur une délibération des conseils municipaux, approuvée par le maire, dans les villes de province.

A cet effet, il sera ouvert à la caisse générale de l'Institut un compte courant, à chaque théâtre, qui s'y trouvera crédité ou débité suivant les sommes qu'il aura versées ou demandées.

FONDS DE RÉSERVE.

Voulant que les théâtres puissent un jour se soutenir par eux-mêmes, et renoncer aux subventions que l'État leur accorde, 25 % seront prélevés tous les ans sur les bénéfices et formeront le fonds de réserve qui s'accroîtra encore des intérêts capitalisés.

Dans aucun cas, ce capital ne pourra être employé aux besoins des théâtres, et il sera pourvu au placement des 25 % précités, tant que le fonds n'aura pas atteint un capital dont les intérêts puissent remplacer les fonds subventionnels.

CAISSE DES PENSIONS.

Attacher les artistes au théâtre, leur donner le temps nécessaire pour former un jour de bons acteurs, arriver à des appointements raisonnables, encourager les hommes de lettres à se livrer à des travaux sérieux, assurer l'existence et l'avenir de tous, tel est le but, tels sont les avantages d'une caisse de pensions.

Le fonds de la caisse des pensions se formera :

1° De 5 p. % prélevés sur tous les appointements au-dessus de 1,200 fr. ;

2° De 3 p. % sur les appointements au-dessous de 1,200 fr. ;

3° De 5 % prélevés sur les droits des auteurs ;

4° Des amendes ;

5° D'une représentation extraordinaire donnée tous les ans par chaque théâtre ;

6° De 10 p. % prélevés sur les bénéfices annuels de chaque théâtre ;

7° Des rentes et intérêts capitalisés provenant des placements successifs.

Toutes ces sommes seront placées au fur et à mesure en rentes sur l'État.

DROIT A LA PENSION.

Tout artiste qui comptera trente ans de service non interrompus, depuis le jour de son entrée soit dans les théâtres municipaux, soit dans les théâtres nationaux, aura droit à une pension.

La liquidation s'établira sur le nombre effectif des années, mois et jours.

Pour déterminer la quotité de la pension, il sera formé une année moyenne du traitement fixe dont l'artiste aura joui pendant les dix dernières années de son service.

La pension sera du tiers de l'année moyenne, après trente ans, et s'accroîtra d'un vingtième pour chaque année de service au-dessus de trente ans.

Les auteurs qui auront fait représenter trente actes, tant sur le théâtre municipal, que sur les théâtres nationaux de Paris, auront droit à une pension de 1,500 fr. qui augmentera de 75 fr. par chaque acte nouveau représenté.

Les compositeurs auront droit à la même pension et à la même progression après vingt actes représentés sur lesdits théâtres.

La veuve d'un auteur, compositeur et artiste, aura droit au tiers de la pension dont aurait joui ou jouissait son mari, en justifiant de son acte de mariage.

Celle qui contracterait un nouveau mariage perdrait ses droits à la pension, à dater du jour de ce mariage.

Celle en activité de service dans l'un des théâtres nationaux ou municipaux, et qui serait elle-même appelée à jouir de la pension, ne pourrait cumuler les deux pensions.

Dans ce cas elle aurait droit d'opter pour la plus forte.

Les enfants légitimes et orphelins de tout pensionnaire décédé recevront un secours annuel montant au tiers de la pension dont aurait joui ou jouissait ce pensionnaire.

Dans le cas de survie de la veuve du pensionnaire décédé, le secours accordé aux enfants ne sera plus que d'un sixième attribué, par égale portion, à chaque enfant, lesquelles portions s'éteindront à la mort ou à la majorité des enfants sans pouvoir être reversées sur les autres.

Les demandes de pensions et les pièces à l'appui seront adressées au directeur-général, qui fera procéder immédiatement à la liquidation de ces pensions.

ADMINISTRATION

PARTICULIÈRE A CHAQUE CATÉGORIE DE THÉATRE.

Tous les directeurs et administrateurs nommés par le ministre sont sous la surveillance du directeur-général de l'Institut dramatique.

CONSERVATOIRE.

Le Conservatoire tel qu'il est établi continue à enseigner la théorie de l'art.

Tout élève admis au Conservatoire contracte un engagement de cinq années.

Les deux premières années gratuitement et consacrées aux études théoriques,

Et les trois autres années avec appointements payés par le directeur de l'école pratique, où ils seront admis après examen.

C'est le principe de la science appliqué à l'art dramatique.

C'est la marche suivie pour les élèves de l'École polytechnique. Deux années d'études théoriques les préparent aux études d'application, qui pendant deux années encore complètent leur éducation, et les rendent propres à tous les services publics.

Tout élève qui aura terminé ses études théoriques et satisfait aux examens sera admis de droit à l'école pratique, et suivant le genre auquel il se destine :

1° Les élèves des classes dramatiques, pour la comédie, la tragédie et le drame ;

2° Ceux des classes lyriques, pour l'Opéra et l'Opéra-Comique ;

3° Ceux des classes de danse, pour le ballet ;

4° Et ceux des classes des instrumentistes, pour faire partie de l'orchestre.

ÉCOLE PRATIQUE.

(THÉATRE DE L'ODÉON).

Le théâtre de l'Odéon, considéré comme école pratique, a une organisation toute spéciale.

Dirigé dans un but commun d'utilité, il répond à la fois à la sollicitude du gouvernement et aux vœux des auteurs, des compositeurs et des artistes qui demandent un second Théâtre-Français et un troisième théâtre lyrique.

Le théâtre de l'Odéon joue les deux genres, opéra et comédie, anciens et nouveaux répertoires.

Il sert à compléter les études des élèves du Conservatoire.

ADMINISTRATION.

Un directeur responsable ;

Un administrateur ;

Un conseil d'administration, composé du directeur et administrateur, du directeur du Conservatoire, des professeurs attachés au théâtre, de deux membres de l'Académie, et de deux membres de l'Institut;

Un comité de lecture.

Toutes les nominations sont faites par le ministre.

Le directeur fournirait caution pour sa gestion. Il ne pourra dépasser son budget qu'à ses risques et périls. Il aurait droit à un traitement fixe et à 25 p. 0/0 sur les bénéfices annuels.

L'administrateur serait chargé de la comptabilité et de la surveillance de la salle et de tout le matériel appartenant à l'État.

Les professeurs de chant, de comédie, le directeur de la musique, sont détachés du Conservatoire et payés sur les fonds alloués au Conservatoire.

Les élèves sont classés en trois catégories : élèves de 1re, de 2me et de 3me année.

Tous les élèves lyriques et dramatiques de 1re et de 2me année, seront forcés de jouer les rôles qui leur seront distribués, sans désignation d'emploi, de figurer dans les drames, tragédies et comédies, et de chanter les chœurs dans l'opéra.

Les élèves ne sont définitivement classés que la troisième année, alors ils doivent présenter le cadre complet d'une troupe d'opéra et de comédie, et ne jouer que l'emploi auquel ils sont appelés.

Le classement des élèves se fait par les membres du conseil d'administration qui désigne définitivement, à la fin de la seconde année, l'emploi auquel l'élève aura été appelé.

Les élèves instrumentistes forment l'orchestre.

Il sera désigné parmi eux deux sous-chefs qui conduiront en l'absence du directeur de la musique, et dont les fonctions ne seront que d'une année.

L'année théâtrale est de dix mois, du 1er septembre au 1er juillet de chaque année.

Les élèves jouissent d'un mois de congé, mais devront être à la disposition du directeur, chaque année, un mois avant l'ouverture, pour s'occuper des répétitions des ouvrages de rentrée.

Il est établi un minimum et un maximum d'appointements pour les élèves de chant et de comédie :

1re année, de 1,200 à 1,500 fr.;
2me année, de 1,500 à 2,000 fr.;
3.me année, de 2,000 à 3,000 fr.

Pour les élèves de l'orchestre, les appointements seront de 500 à 1,000 francs.

Le théâtre de l'Odéon, ainsi réorganisé, aurait une existence assurée.

Le quartier n'aurait plus à craindre la fermeture de ce théâtre, toujours fâcheuse pour les propriétaires et le commerce.

Les théâtres nationaux et municipaux trouveraient là une pépinière d'artistes.

Le gouvernement répondrait ainsi aux vœux des jeunes auteurs et des jeunes compositeurs, en leur ouvrant un théâtre où ils trouveraient des hommes expérimentés capables de les guider, de jeunes artistes capables de les comprendre et qu'ils pourraient suivre plus tard sur nos premières scènes.

De plus, il aurait fait du Conservatoire qui coûte beaucoup à l'État, et qui, jusqu'à ce jour, n'a produit en quelque sorte, que des instrumentistes, un établissement vraiment utile, puisqu'il aurait mis à même tous les élèves, à quelque classe qu'ils appartinssent, de profiter des leçons données à grands frais, pour arriver à former des artistes distingués qui manquent partout aujourd'hui, tant pour la comédie que pour l'opéra.

THÉATRES MUNICIPAUX.

Un directeur nommé par le ministre;
Un administrateur nommé par la ville.

Le directeur qui est responsable, fournirait caution pour sa gestion. Il ne pourrait dépasser son budget qu'à ses risques et périls. Il aurait droit à un traitement fixe, et à 25 p. 0/0 sur les bénéfices annuels.

L'administrateur serait chargé de la surveillance et de l'entretien de la salle et du matériel appartenant aux villes, et de la comptabilité.

Jusqu'à présent les théâtres de province livrés aux privilégiés, la plupart sans moralité, sans solvabilité et sans capacité, n'ont été qu'onéreux pour les grandes villes.

Par suite de faillites successives, les villes se trouvent privées de spectacles une partie de l'année, et les artistes de moyens de vivre.

Une organisation nouvelle des théâtres de province est donc indispensable, car là aussi, comme à Paris, il y a un peuple à moraliser et à instruire.

Tel est le but des théâtres municipaux. Ces théâtres installés gratuitement dans les salles qui appartiennent aux villes, recevront en outre une allocation qui leur sera remise, comme il est dit à l'article des subventions.

Leur budget dressé par le comité central de l'Institut et approuvé par le conseil municipal de la ville, sera remis tous les ans aux directeurs.

Tous les trois mois les directeurs enverront au directeur-général :
1° Un relevé détaillé des opération trimestrielles;
2° Le compte des retenues pour la caisse des pensions;
3° Le répertoire des pièces représentées, et le compte des droits d'auteur.

Quant aux sommes à retenir pour les fonds de prévoyance et de réserve, elles seront versées suivant ce qui a été dit à l'article des allocations.

THÉATRES NATIONAUX.

Un directeur responsable;
Un administrateur comptable ;
Un comité de lecture ou de musique.

Le directeur fournirait caution pour sa gestion. Il ne pourrait dépasser qu'à ses risques et périls, et dans la limite de son cautionnement, le budget des dépenses dressé par le comité central. Toutes sommes en dehors du budget seraient prises sur son cautionnement, lors des liquidations annuelles. Il aurait droit, outre son traitement fixé par le ministre, à un prélèvement annuel de 25 p. 0/0 sur les bénéfices.

L'administrateur serait chargé de la comptabilité et de la surveillance des salles et du matériel appartenant à l'État.

Le comité de lecture ou de musique de chaque théâtre, chargé de la réception des pièces ou des partitions, serait présidé par le directeur ou par l'administrateur, membres de droit du comité.

GENRES.

THÉATRES NATIONAUX.

Les théâtres nationaux sont de deux espèces :
Théâtres littéraires, théâtres lyriques.

Théâtres littéraires : leur genre est la tragédie, le drame et la comédie; leur mission est de conserver l'ancien répertoire, et de former un répertoire d'ouvrages nouveaux.

Théâtres lyriques : leur genre est l'opéra, l'opéra-comique et le ballet.

Rappeler les chefs-d'œuvre des grands maîtres, et former un répertoire moderne, telle est leur mission.

THÉATRE DE LA VILLE DE PARIS.

Il faut placer à la suite de ces théâtres le théâtre municipal de la ville de Paris qui, sous le rapport de la création d'ouvrages nouveaux, diffère des théâtres municipaux de la province.

Ce théâtre, véritable institution républicaine, en opposition avec les spectacles des boulevards, doit avoir une grande influence sur les mœurs et sur les habitudes populaires.

A Paris, l'ouvrier aime le spectacle par goût, par habitude, par passion. Trop occupé dans sa journée pour faire des lectures utiles (à peine s'il a le temps de penser), il lui faut des théâtres pour se réunir, des spectacles pour s'impressionner ou se réjouir. Bons ou mauvais il y court; il en adopte avec avidité l'esprit, les mœurs, la langue même.

Il serait donc politique et humain de créer pour lui un théâtre ou plutôt une institution où il pût puiser des préceptes de morale, de probité et d'honneur.

École du peuple ce serait certainement la chaire la plus utile et la plus instructive pour les ouvriers.

Le théâtre où la langue serait respectée ferait promptement disparaître du langage populaire, ces mauvaises locutions, ces grossièretés que les théâtres des boulevards semblent prendre à plaisir d'exhiber chaque soir.

Son genre serait à la fois littéraire et musical :

Des ouvrages historiques rappelant les grandes époques de notre histoire, et la vie de nos hommes illustres;

Des pièces militaires retraçant la gloire de nos armées, les belles actions de nos soldats;

Des sujets propres à conserver et à ranimer l'amour de la patrie, de la famille et du travail;

Et de grandes et belles actions faisant aimer la probité, la vertu et l'honneur;

Tel serait son répertoire.

Subventionné par la ville de Paris, la seule grande ville de France, qui, jusqu'à ce jour, n'ait point eu son théâtre à elle; cette subvention pourrait être donnée en nature et n'augmenterait qu'insensiblement le budget de la ville.

THÉATRES MUNICIPAUX DES DÉPARTEMENTS.

Les théâtres municipaux joueront la tragédie, le drame, la comédie, l'opéra, l'opéra-comique et le ballet, anciens et nouveaux répertoires.

C'est dans les répertoires des théâtres nationaux qu'ils puiseront les ouvrages qu'ils pourront représenter.

(Quant aux pièces jouées sur les théâtres de Paris, en dehors de l'Institut, ils ne pourront les faire entrer dans leurs répertoires qu'avec l'autorisation du directeur-général de l'Institut dramatique.)

Un double avantage résulte de cette combinaison. Les hommes de lettres et les compositeurs trouveront un bénéfice réel, certains de voir représenter leurs ouvrages sur tous les théâtres municipaux de la province; et les artistes appelés à faire partie des théâtres nationaux seront en état, dès leurs débuts, de jouer, sans nouvelles études, tout le répertoire du théâtre où ils seront engagés.

La province n'aura plus à regretter de subventionner largement les théâtres nationaux qui lui fourniront ainsi l'aliment de tous ses plaisirs.

ARTISTES.

Après trois années d'exercice, tout élève sortant, après examen, du théâtre de l'Odéon, aura le droit de débuter sur l'un des théâtres municipaux qui lui sera désigné par le directeur-général.

Après trois débuts, il y sera reçu à l'essai, et, au bout d'une année, il sera admis comme artiste de l'Institut dramatique, avec tous les droits attachés à ce titre.

Les artistes municipaux pourront être appelés indistinctement à débuter sur les théâtres nationaux, où ils seront admis comme pensionnaires après trois débuts, et sur l'avis du comité central.

En cas de non admission, ils reprendront leurs places dans les théâtres municipaux, sans toutefois rien perdre de leurs droits à la pension de retraite.

Tous autres artistes, en dehors du théâtre de l'Odéon, pourront être engagés par les directeurs et auront droit à la pension après trente ans de service, à compter du jour de leurs engagements.

Tous artistes dont les services ne seraient plus jugés utiles dans les théâtres nationaux reprendront leurs places dans les théâtres municipaux.

APPOINTEMENTS.

Il sera établi, selon l'importance des théâtres et des emplois, un minimum et un maximum d'appointements qui, dans aucun cas, ne pourra être ni diminué ni augmenté par le directeur.

MODE D'EXÉCUTION.

CONSERVATOIRE.

Le Conservatoire, sans rien changer à son organisation actuelle, que le mode d'engagement, pourrait, dès la transformation du théâtre de l'Odéon en école pratique, faire admettre un certain nombre d'élèves sortis des différentes classes.

THÉATRE DE L'ODÉON.

Ce théâtre étant à la disposition du gouvernement, pourrait être immédiatement transformé en école pratique.

THÉATRE MUNICIPAL DE LA VILLE DE PARIS.

Ce théâtre pourrait être ouvert très promptement. Il suffirait de choisir une salle, au centre d'un quartier populeux.

L'ancienne salle du Cirque offrirait tous les avantages désirés, sous le rapport du quartier et du local, qui peut contenir près de trois mille spectateurs.

De déterminer par un vote du conseil général, l'allocation qui lui serait fournie par la ville de Paris;

De dresser le budget des dépenses et des recettes, calculées sur la moyenne des dix dernières années du Cirque-Olympique.

THÉATRES MUNICIPAUX DES VILLES DE PROVINCE.

Les conseils municipaux des villes de province, désignées pour avoir des théâtres municipaux, feraient connaître par un état détaillé, et dans un délai déterminé, à la direction générale de l'Institut dramatique :

Les salles et le matériel qui appartiennent aux communes et dont la ville peut disposer en faveur du théâtre;

Les allocations que le conseil pourrait voter soit en argent, soit en nature ;

Les budgets des dépenses et des recettes calculées sur la moyenne des dix dernières années d'exploitation des directeurs privilégiés;

Et les noms des administrateurs désignés par les villes.

A l'expiration de tous les privilèges qui peuvent exister encore, le ministre nommerait les directeurs titulaires des théâtres municipaux, et l'ouverture de ces théâtres pourrait ainsi avoir lieu simultanément dans toutes les grandes villes.

THÉATRES NATIONAUX.

En admettant la conservation des anciens théâtres royaux, comme théâtres nationaux, l'Opéra et l'Opéra-Comique entreraient dans l'organisation de l'Institut, à l'expiration ou au retrait des privilèges existants.

THÉATRE-FRANÇAIS.

Quant au Théâtre-Français, deux opérations sont nécessaires pour arriver à le classer dans l'organisation générale : l'une financière et l'autre administrative.

OPÉRATION FINANCIÈRE.

Je ne parlerai point ici du bilan du Théâtre-Français, sous le rapport de la dette active. Le passif et l'actif peuvent être facilement balancés par les ressources mobilières et immobilières du théâtre.

Je ne parlerai que de la liquidation des pensions, seul obstacle à la liquidation de la Société, indispensable pour que le Théâtre-Français prenne rang dans l'Institut dramatique.

Pour opérer cette liquidation montant à près de trois millions, il ne s'agit que d'un prêt de 550,000 fr. fait au Théâtre-Français, et payable d'année en année, pendant onze ans, à raison de 50,000 f. par an.

La caisse des pensions, possédant aujourd'hui 110,500 fr. de rentes inscrites, se trouvera chaque année créditée de 50,000 fr. de plus. Total, 160,500 fr. pour le service des pensions, montant aujourd'hui à 160,000 fr. environ.

Chaque année ces 160,500 fr. fourniront un excédant qui sera placé en inscriptions de rentes, de manière à ce que la réunion des intérêts et du capital puisse faire accroître ce dernier, et ce, jusqu'à l'expiration de la liquidation.

En onze ans au plus, le capital provenant de placements successifs, de l'excédant des intérêts capitalisés et de l'extinction des pensions, calculée en moyenne à 10,000 fr. par an, d'après les tables de mortalité, s'élèvera à plus de 600,000 fr., somme suffisante pour com-

— 23 —

pléter le service total des pensions, et opérer ainsi la liquidation. Le tableau ci-dessous fera comprendre facilement l'opération. Tous les calculs sont faits, placements et intérêts à 4 p. 0/0.

1re année,	Avoir	160,500		
	Doit	160,000		
	Excédant. .	500		500
2me année,	Avoir	160,520		
	Doit	150,000		
	Excédant. .	10,520		10,520
3me année,	Avoir	160,941		
	Doit	140,000		
	Excédant. .	20,941		20,941
4me année,	Avoir	161,778		
	Doit	130,000		
	Excédant. .	31,778		31,778
5me année,	Avoir	163,049		
	Doit	120,000		
	Excédant. .	43,049		43,049
6me année,	Avoir	164,771		
	Doit	110,000		
	Excédant. .	54,771		54,771
7me année,	Avoir	166,961		
	Doit	100,000		
	Excédant. .	66,961		66,961
	A reporter.			228,520

	Report.			228,520
8ᵐᵉ année,	Avoir	169,639		
	Doit	90,000		
	Excédant. .	79,639	79,639	
9ᵐᵉ année,	Avoir	172,824		
	Doit	80,000		
	Excédant. .	92,824	92,824	
10ᵐᵉ année,	Avoir	176,536		
	Doit	70,000		
	Excédant. .	106,536	106,536	
11ᵐᵉ année,	Avoir	180,797		
	Doit	60,000		
	Excédant. .	120,797	120,797	
	Total. . . . f.		628,346	

Au bout de 11 ans, l'actif de la caisse des pensions se composera :
De   110,500 fr. de rentes anciennes,
Plus de   25,123 fr. de rentes nouvelles provenant d'un capital de 628,346 fr., formé par les excédants annuels.

Total . . 135,632   135,632

A la même époque, le passif se formera :
De   60,000 fr., pensions anciennes,
De   75,000 fr., pensions nouvelles, provenant de la liquidation des derniers Sociétaires.

Total . . 135,000 fr.

                Pensions à servir 135,000

                Différence à l'avoir, rentes. . . 632

La liquidation se trouve opérée.

Il résulte de cette liquidation, qu'à mesure d'extinction des pensions, à partir de la onzième année, le chiffre de l'actif augmentant progressivement, et le chiffre du passif diminuant à chaque extinction, la caisse des pensions de l'Institut dramatique se trouvera dotée d'une somme de 78,316 fr., provenant de celle de 628,316 fr., défalcation faite de 550,000 fr. restitués à l'État, lorsque le chiffre des pensions se trouvera réduit aux 110,500 fr. de rentes appartenant aujourd'hui au Théâtre-Français.

OPÉRATION ADMINISTRATIVE.

Quant à l'opération administrative, elle doit être menée de front avec l'opération financière.

Il ne s'agit pour cela que de suspendre à l'instant même tous les droits administratifs de la société ; d'arrêter le nombre des sociétaires à celui existant aujourd'hui ; d'assurer leur traitement sur la subvention, et de faire rentrer immédiatement le théâtre dans l'organisation générale.

De cette manière les sociétaires ne perdent aucune des garanties affectées à leurs pensions et aux meubles, rentes et immeubles qu'ils possèdent, jusqu'au jour où ces pensions arrivées à 100,000 fr. sont garanties alors par les 100,000 fr. de la dotation.

A dater de ce jour, toutes sommes provenant d'extinctions bénéficieront au gouvernement qui, en peu de temps, rentrera dans la totalité de la dotation de 2,000,000 fr., et sans avoir rien déboursé.

THEATRES LIBRES

EN DEHORS DE L'INSTITUT DRAMATIQUE.

Considérant que la liberté des théâtres existe de fait et de droit ;

Que cependant, dans l'intérêt des familles, des propriétés et de l'art dramatique, il est du devoir de l'autorité d'exercer une surveillance nécessaire sur les entreprises de théâtre, et de prendre toutes les mesures dans l'intérêt des mœurs et de la sécurité publique;

Proposons :

Le droit d'élever une salle de spectacle appartient à tout citoyen:

1° En se conformant aux lois, ordonnances et règlements de police faits ou à faire ;

2° En justifiant de la propriété du terrain sur lequel il veut construire.

L'ouverture du théâtre ne pourra avoir lieu que sur l'autorisation du ministre de l'intérieur, d'après le rapport du préfet de police, qui justifiera que toutes les conditions réglementaires ont été remplies.

Si le terrain ou la propriété sont grevés d'hypothèques, le propriétaire sera tenu de fournir un cautionnement de 30,000 fr., pour répondre des amendes et des frais auxquels il pourrait être condamné par les tribunaux.

Dans le cas où le terrain et la propriété seraient libres de toute hypothèque, ils deviendront la garantie de la gestion, et toutes hypothèques qui seraient prises après la délivrance de l'autorisation d'ouvrir ne viendraient en ordre utile, qu'après celle prise pour le cautionnement de 30,000 fr.

Le propriétaire est personnellement responsable vis-à-vis de l'autorité de toutes contraventions légalement constatées, le gouvernement n'ayant à connaître ni fermier, ni directeur particulier, ni mandataire, à quelque titre que ce soit.

Le propriétaire désignera dans sa demande le genre de spectacle qu'il voudra exploiter dans son théâtre, et il devra se borner à ce genre, sauf à demander au ministre de l'intérieur une autorisation pour changer celui qu'il exploite.

Les propriétaires sont responsables des pièces représentées sur leurs théâtres et des dommages qu'elles pourraient amener.

Les propriétaires seront tenus de mettre à la disposition du préfet de police les places et entrées nécessaires pour le service de son administration.

Ils seront tenus de réserver des entrées et des places marquées aux premières représentations, pour les inspecteurs des théâtres désignés par le ministre.

Le théâtre peut être fermé sur un ordre du ministre de l'intérieur, pour cause de sûreté publique.

Seront fermées immédiatement toutes les salles qui ne seront pas dans les conditions exigées par la police, les théâtres dits de société, les cafés-spectacles, et tous autres établissements où l'on joue des scènes et où l'on chante.

RÉSUMÉ.

Rien de plus simple et d'une exécution plus facile que ce projet d'organisation des théâtres.

Tous les matériaux existent, il ne s'agit que de les mettre en œuvre.

La plupart des idées émises dans ce plan, se trouvent en germe dans les différents décrets et ordonnances qui ont été rendus sous l'Empire et la Restauration.

On n'a cherché qu'à les développer et à les approprier aux nécessités actuelles.

D'une part, liberté absolue de l'industrie théâtrale, avec sécurité et garantie morale suffisante pour le gouvernement.

D'autre part, création par l'État d'une institution dramatique, qui assure une protection immense aux artistes, aux hommes de lettres, aux compositeurs; qui sollicite incessamment les intelligences; qui ouvre, pour ainsi dire, une carrière nouvelle et sérieuse aux artistes dramatiques, développe en eux les idées d'ordre et de moralité, excite leur émulation et encourage leurs efforts; qui mette entre les mains du gouvernement un moyen puissant de civilisation et d'influence morale.

Les théâtres nationaux, véritables ateliers où s'élaborent et se créent les ouvrages nouveaux qui vont vivifier les théâtres municipaux, qui, à leur tour, propagent par toute la France les productions littéraires et musicales de nos jeunes maîtres.

Le Conservatoire, école où l'on initie les élèves aux mystères de l'art, où on leur apprend à connaître et à étudier les grands maîtres.

Le théâtre de l'Odéon, pépinière qui jette aux extrémités de la France dramatique des jeunes artistes qui, à mesure que leur talent se développe et grandit, se rapprochent des théâtres nationaux où, quand leur talent est arrivé à sa maturité, ils viennent interpréter les chefs-d'œuvre de l'art et concourir à la création des ouvrages nouveaux.

Les directeurs cessant d'être des spéculateurs pour devenir des fonctionnaires publics.

Système financier qui ne permet plus la dilapidation des deniers publics, qui garantit l'avenir des artistes, des hommes de lettres, et qui assure et consolide l'existence des théâtres.

Et qu'on n'argue pas d'un monopole des théâtres !

L'institution proposée ne gênera pas plus la liberté des théâtres en France, que l'Université et les écoles ne peuvent gêner la liberté rendue à l'instruction.

A tous la liberté d'ouvrir des théâtres ; aux villes le droit de subventionner ceux qui leur offrent des garanties d'ordre et de sécurité.

A tous le droit de jouer ce qu'ils veulent ; au pays le droit de protéger les théâtres d'art et de civilisation.

1er *Août* 1849.

Imp. de Jules-Juteau, r. St-Denis, 345.

IMPR. DE JULES-JUTEAU ET Cⁱᵉ, RUE SAINT-DENIS, 345.

www.ingramcontent.com/pod-product-compliance
Lightning Source LLC
Chambersburg PA
CBHW060606050426
42451CB00011B/2112